GRAPHiDOC Histoire

Toute l'info en un coup d'œil !

Jon Richards

Jonathan Vipond

LES VIKINGS

Glénat jeunesse

SOMMAIRE

BIENVENUE AU PAYS DE L'INFOGRAPHIE

Avec ses icônes, ses graphiques et ses pictogrammes, l'infographie offre des informations claires.

APPRENDS COMMENT LES VIKINGS AMÉLIORAIENT LA SAVEUR DE LEURS ALIMENTS.

DÉCOUVRE QUEL DIEU VIKING CHEVAUCHAIT UN CHEVAL À HUIT JAMBES.

ADMIRE LES RAPIDES NAVIRES À VOILE QU'UTILISAIENT LES VIKINGS POUR TRAVERSER LES OCÉANS.

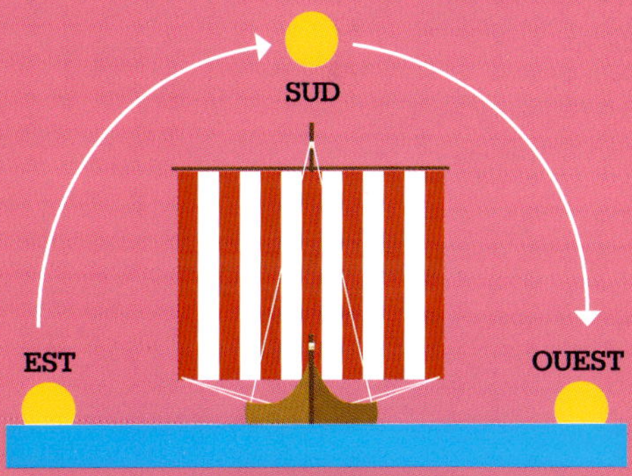

COMPARE UNE MAISON LONGUE VIKING À UN GROS-PORTEUR.

VOIS COMMENT LES VIKINGS S'ORIENTAIENT LORS DE LEURS LONGS VOYAGES EN MER.

QUI ÉTAIENT LES VIKINGS ?

Le peuple Viking vivait en Scandinavie, au nord de l'Europe, et étendit sa puissance et son influence entre le VIIIe siècle et le milieu du XIe, au fur et à mesure qu'il se déplaça dans tout le nord de l'Europe et au-delà.

789
PREMIER RAID EN ANGLETERRE, DANS LE DORSET.

793
RAID CONTRE LE MONASTÈRE DE LINDISFARNE, SUR LA CÔTE EST DE L'ANGLETERRE.

800

841
LES VIKINGS S'INSTALLENT EN IRLANDE.

867
LES VIKINGS PRENNENT LA VILLE D'YORK.

878
ALFRED LE GRAND BAT LES VIKINGS À LA BATAILLE D'EDINGTON.

900

937
LES ANGLAIS REPRENNENT UNE LARGE ZONE DU CENTRE DE L'ANGLETERRE, LE « DANELAW ».

980
NOUVEAUX RAIDS VIKINGS EN ANGLETERRE.

982
ERIK LE ROUGE EXPLORE POUR LA PREMIÈRE FOIS LE GROENLAND.

991
BATAILLE DE MALDON.

1000

1000
LEIF ERIKSON DÉCOUVRE LE « VINLAND ».

1017
KNUD DEVIENT ROI D'ANGLETERRE, DE NORVÈGE ET DU DANEMARK.

1066
LES VIKINGS SONT BATTUS À STAMFORD BRIDGE ET LES NORMANDS ENVAHISSENT L'ANGLETERRE.

1100

LE PAYS DES VIKINGS :
LA SUÈDE, LA NORVÈGE
ET LE DANEMARK ACTUELS.

LES VIKINGS SE SONT IMPLANTÉS JUSQU'AU GROENLAND ET ONT EXPLORÉ UNE PARTIE DE L'AMÉRIQUE DU NORD.

1300
LE CLIMAT COMMENCE À SE REFROIDIR AU GROENLAND.

1200 | 1300 | 1400 | 1500 | 1600

1480–1500
LES VIKINGS ABANDONNENT LEUR COLONIE DU GROENLAND.

Le terme « **Viking** » vient du vieux scandinave ***vikingr***, qui signifie « **pirate** », en référence aux raids contre des villes et villages étrangers.

LA SOCIÉTÉ VIKING

La société viking était structurée selon une hiérarchie dans laquelle chacun connaissait sa place et son rôle. Au sommet étaient les rois qui dirigeaient la communauté, et en bas les esclaves.

LE ROI

Aussi appelé *konungr,* c'était soit un chef de tribu, soit un homme régnant sur un petit territoire plutôt que sur un pays. Certains rois étaient des chefs de guerre qui ne contrôlaient aucune terre.

LES HOMMES LIBRES ET LES FERMIERS

Connus sous le nom de *karls,* ils constituaient la majeure partie de la société viking. Ils étaient artisans, fermiers, marchands, ou propriétaires terriens.

DES CHEFS GÉNÉREUX

Les rois étaient censés être de grands chefs et guerriers, de bons orateurs, mais aussi des pourvoyeurs de nourriture, de boissons, de vêtements, d'armes et de cadeaux.

LA LOI ET L'ORDRE

La société viking était gouvernée par le « Thing ». Cette assemblée locale composée d'hommes libres faisait respecter la loi, réglait les litiges et prenait les décisions politiques.

LA PLUS ANCIENNE ASSEMBLÉE NATIONALE CONNUE À CE JOUR EST L'« ALTHING », QUI S'EST RÉUNIE POUR LA PREMIÈRE FOIS EN ISLANDE EN 930.

LES NOBLES

On les nommait les *jarls.* Ils contrôlaient les tribus et les terres sous l'autorité du roi.

LES ESCLAVES

Les esclaves, ou *thralls,* étaient en général des prisonniers qui avaient été capturés lors de batailles. Cette catégorie comprenait aussi les serfs, des Vikings qui, ne pouvant pas payer une dette, devaient travailler pour la rembourser.

LA MAISON LONGUE

Les maisons longues des Vikings étaient des bâtiments longs et étroits destinés aux hommes libres. Elles abritaient tout ce dont ils avaient besoin au quotidien.

LA NOURRITURE ET LES BIENS étaient suspendus aux murs.

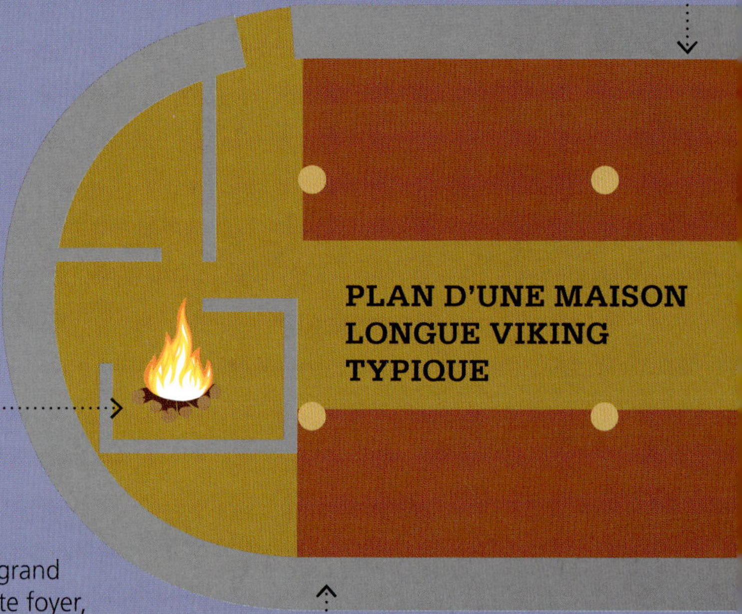

LE FEU
On allumait un grand feu dans un vaste foyer, ou plusieurs petits disposés en cercle. Le feu servait à éclairer, chauffer et cuire les aliments.

LES MURS
étaient en pierre, en bois, ou faits de clayonnages enduits de torchis.

LES CLAYONNAGES

Les clayonnages, un assemblage de branchages, étaient recouverts d'un mélange de terre, d'argile et de sable… et de déjections animales mêlées à de la paille.

1. Les branchages étaient entrelacés entre des pieux de bois pour créer un treillis, ou clayonnage.

Au milieu du bâtiment, deux rangées de poteaux soutenaient le toit et divisaient la pièce en une zone centrale et deux couloirs latéraux.

LES ANIMAUX, dont des bovins et des moutons, étaient parfois mis dans des stalles à un bout de la maison.

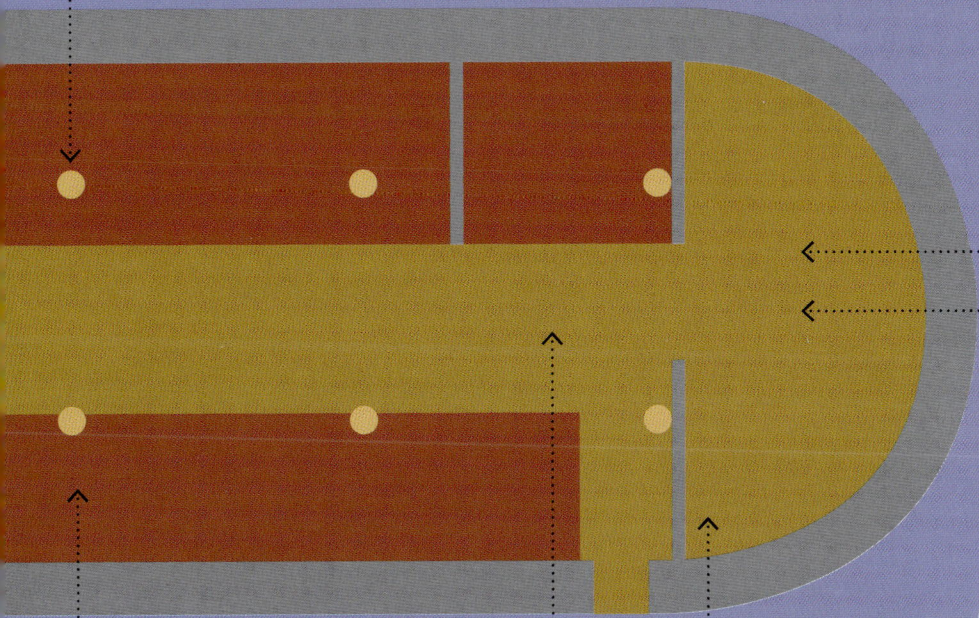

LE TOIT était recouvert de gazon, ou de paille et de tiges de roseaux.

DES BANCS étaient disposés sur le pourtour de la pièce.

DES TROUS dans le toit laissaient sortir la fumée et entrer la lumière.

DES ROSEAUX ET DES HERBES recouvraient le sol de terre battue.

2. On appliquait dessus un torchis (fait de boue, d'argile, de déjections animales et de paille), et on laissait durcir.

UNE MAISON LONGUE MESURAIT GÉNÉRALEMENT 5 MÈTRES DE LARGE ET 75 MÈTRES DE LONG, C'EST-À-DIRE PLUS QU'UN GROS-PORTEUR.

LES HABITS

Les hommes et les femmes libres portaient des vêtements simples en lin, en laine et en cuir. Ils étaient conçus pour être pratiques et tenir chaud lors des voyages en mer et sous le froid climat scandinave.

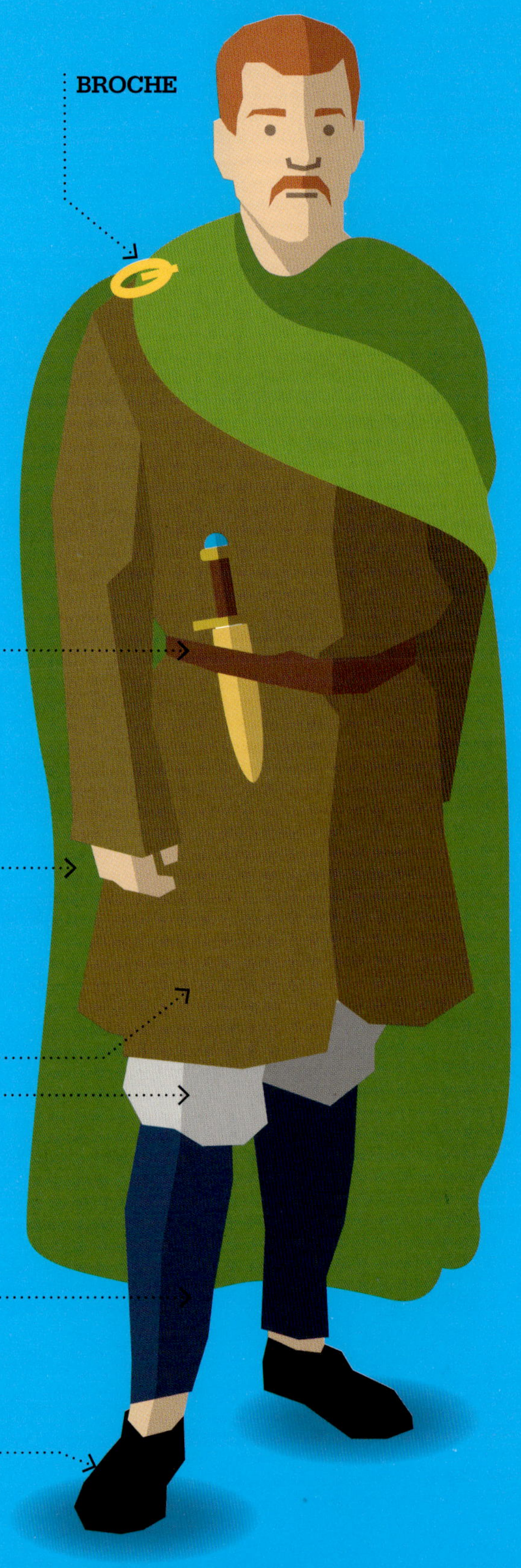

Une **ceinture de cuir** accueillait une épée, un glaive et parfois une hache.

Une **cape de laine**, accrochée sur l'épaule à l'aide d'une broche, protégeait du froid en hiver.

Une **tunique** portée sur le **pantalon** préservait du froid rigoureux lors des voyages en mer.

Des pantalons ou des **jambières** gardaient les jambes au chaud.

Les **chaussures** étaient en cuir et les semelles étaient renforcées avec des clous.

Les Vikings avaient une bonne hygiène. Des archéologues ont mis au jour des rasoirs, des peignes et des cure-oreilles.

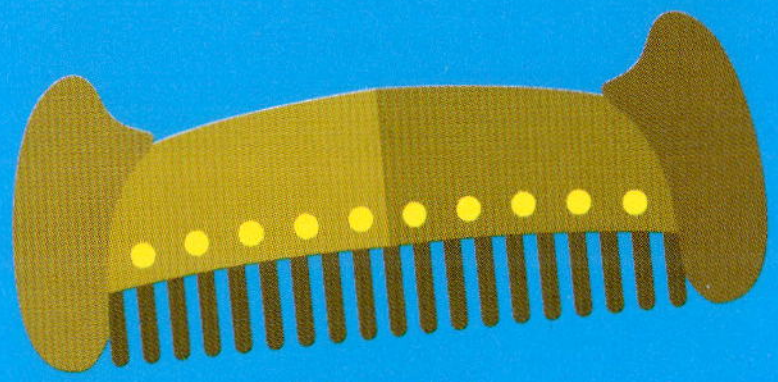

PEIGNE

Un **foulard** en lin couvrait les cheveux des femmes.

Elles portaient peut-être aussi des **bijoux** de perles de verre ou d'ambre.

Elles étaient vêtues d'une **robe longue**.

Sur leur robe, elles enfilaient une **robe chasuble**.

LES RICHES VIKINGS ONT PU PORTER DES VÊTEMENTS EN SOIE QUI VENAIENT D'EXTRÊME-ORIENT.

LES HABITS ÉTAIENT TEINTS AVEC DES PIGMENTS NATURELS.

Le bleu était obtenu à partir du pastel.

Le rouge provenait de la garance.

Le jaune était tiré du genêt.

Les Vikings prenaient **un bain par semaine** contre **un ou deux par an** pour les Anglo-Saxons.

ARTISANAT ET CULTURE

Les Vikings fabriquaient des objets pour leur usage personnel et pour les vendre à l'étranger. Ils avaient aussi une riche culture, dont témoignent de longs récits, les sagas.

MATIÈRES PREMIÈRES UTILISÉES POUR TISSER.

LE MÉTIER À TISSER VERTICAL

Dans la plupart des maisons, un métier vertical servait à tisser des étoffes en laine ou en lin.

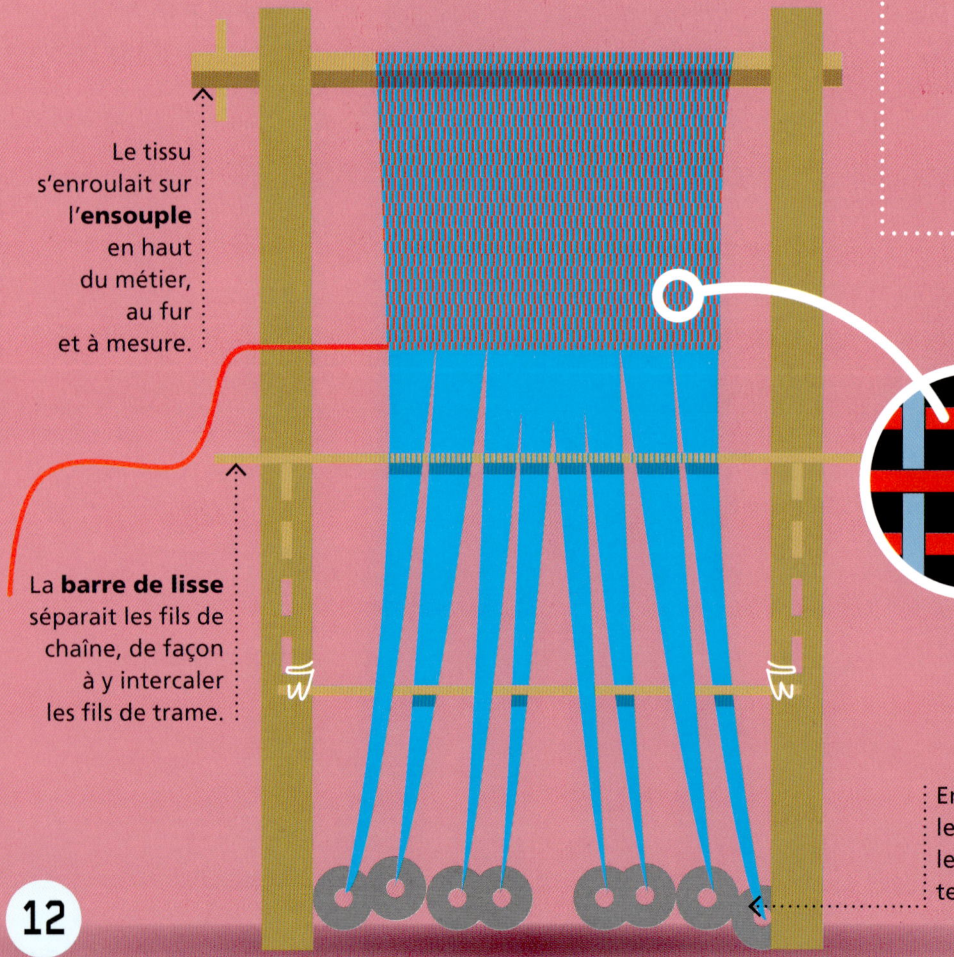

Le tissu s'enroulait sur l'**ensouple** en haut du métier, au fur et à mesure.

La **barre de lisse** séparait les fils de chaîne, de façon à y intercaler les fils de trame.

FIL DE CHAÎNE À LA VERTICALE.

FIL DE TRAME À L'HORIZONTALE.

En bas du métier, les **pesons** maintenaient les fils de chaîne bien tendus.

LES MOTS ET LES LETTRES

Les vikings utilisaient l'alphabet runique, composé de 16 runes ou signes graphiques.

ASCH	= A
BIRITH	= B
KHEN	= CH
THORN	= P
EHO	= E
FEHC	= F
GIBU	= G
HAGALE	= H
HIS	= I
GILCH	= K
LAGU	= L
MAN	= M
NYD	= N
OTHIL	= O
PERCH	= P
KHON	= Q
REHIT	= R
SUHIL	= S
TAC	= T
HUR	= U
HELAHE	= X
HUYRI	= Y
ZIU	= Z

Les Vikings racontaient de longues histoires appelées sagas, qui mettaient en scène leurs héros et leurs dieux.
Elles se transmettaient oralement et ne furent écrites que vers le XIIe-XIIIe siècle.

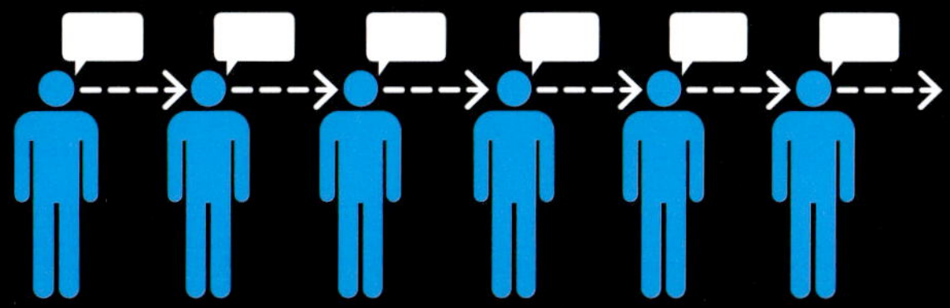

FERRONNERIE ET BIJOUX

Les Vikings étaient des ferronniers habiles. Ils fabriquaient des objets fonctionnels, comme des armes et des pots, ainsi que des ornements en bronze ou même en or.

Les ornements figuraient souvent des animaux, notamment des serpents.

CERTAINS VIKINGS ENTERRAIENT LEURS OBJETS PRÉCIEUX. S'ILS ÉTAIENT TUÉS À LA GUERRE OU OUBLIAIENT OÙ ILS LES AVAIENT CACHÉS, CES TRÉSORS RESTAIENT ENFOUIS.

LES VIKINGS FAISAIENT CUIRE LA VIANDE DANS DES TROUS REMPLIS DE CENDRES BRÛLANTES ET RECOUVERTS D'HERBE ET DE TERRE.

LES VIKINGS ÉLEVAIENT DES ABEILLES POUR LE MIEL ET LA CIRE. AVEC LE MIEL, ILS ADOUCISSAIENT LES ALIMENTS, TELLES LES ACIDES PRUNELLES.

ARMES ET GUERRIERS

Les Vikings avaient la réputation d'être de redoutables guerriers. Ils combattaient avec des épées et des haches, et portaient peu d'armures pour rester mobiles.

Les armes et l'équipement d'un Viking indiquaient son rang dans la société. Les plus riches arboraient un **casque**, une **cotte de mailles**, un **bouclier** et une **épée**. Les plus modestes disposaient d'une **lance**, d'un **bouclier** et d'un **glaive court**.

Les **haches** des personnages importants étaient décorées pour signaler leur puissance.

LANCE

GLAIVE COURT

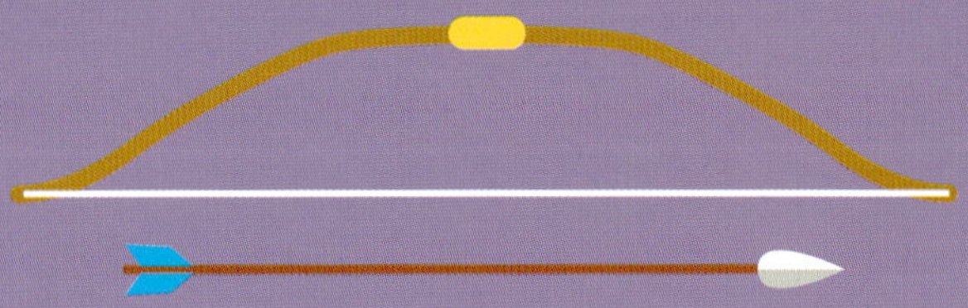

Les arcs et les flèches n'étaient utilisés qu'en début de bataille, car ils étaient jugés moins nobles que les armes de combat au corps-à-corps.

LES CORNES

Contrairement à une idée reçue qui a cours depuis le xixe siècle, les casques des Vikings ne portaient pas de cornes. Ce qui n'a pas empêché l'équipe de football américain des Minnesota Vikings de faire du casque à cornes leur emblème.

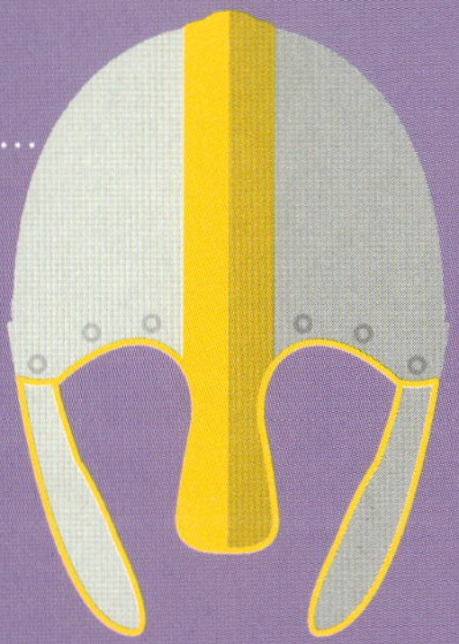

Certains casques étaient équipés de bandes protectrices pour le nez et/ou pour les joues.

Les **casques** des Vikings étaient en cuir ou en fer.

Les **boucliers** ronds étaient fabriqués dans des planches de bois.

Les **épées** étaient **à double tranchant** et avaient souvent un nom.

La **cotte de mailles** était constituée d'anneaux de métal reliés entre eux.

Les Vikings participaient à de nombreux petits raids, mais aussi à des batailles rangées, avec des armées importantes.

Bataille de Maldon (991)
~ 6 000 guerriers vikings

Bataille de Fulford (1066)
~ 10 000 guerriers vikings

Siège de Paris (885–886)
~ 40 000 guerriers vikings

LES NAVIRES

Les Vikings utilisaient différents types de navires, des petites embarcations à rames aux longs bateaux rapides, selon leurs besoins : pêche, raid, exploration et traversée des océans à la recherche de nouvelles terres où s'installer.

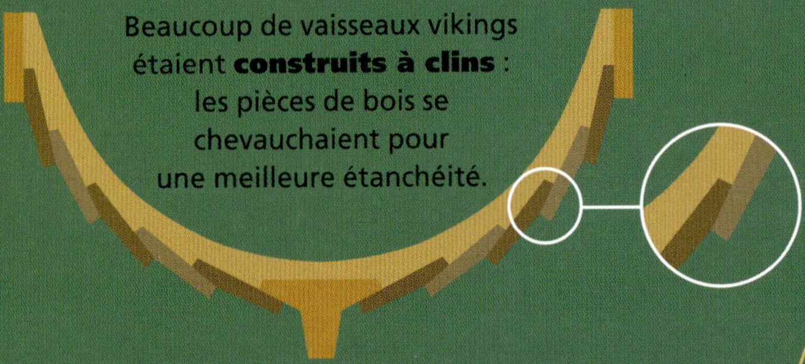

Beaucoup de vaisseaux vikings étaient **construits à clins** : les pièces de bois se chevauchaient pour une meilleure étanchéité.

LE FAERING ÉTAIT UNE PETITE EMBARCATION OUVERTE À RAMES.

LE LANGSKIP

Le langskip était le navire viking le plus renommé. Il servait au commerce, à l'exploration et à la guerre. Une grande voile rectangulaire était fixée à son mât unique.

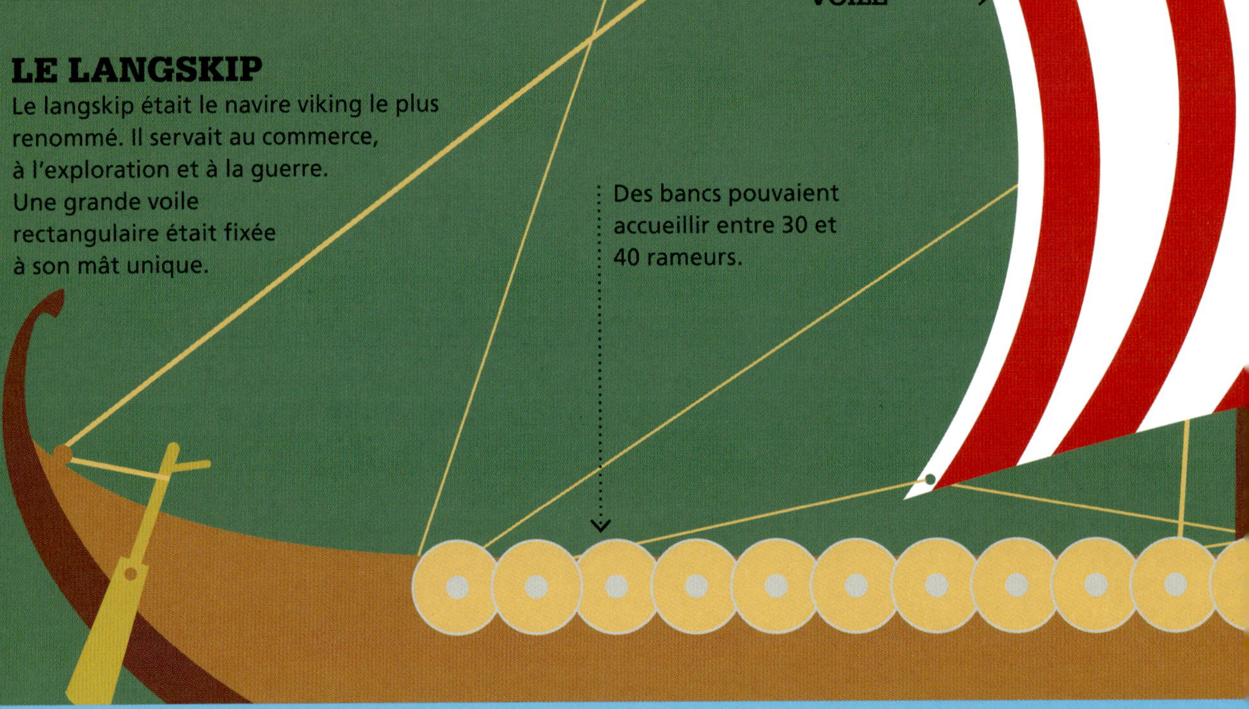

Les plus grands langskips pouvaient

Le **knarr** était utilisé pour les longs voyages. Plus large, plus profond et plus court que le langskip, il mesurait **16 mètres de long sur 5 mètres de large**.

Il pouvait transporter plus de 40 tonnes, soit plus que le poids de six éléphants.

LE KNARR NAVIGUAIT AVEC 20 À 30 MARINS ET POUVAIT COUVRIR ENVIRON 120 KM PAR JOUR.

Le langskip était suffisamment léger pour que l'équipage le sorte de l'eau et le hisse sur la terre ferme. Il pouvait même le retourner pour le transformer en abri temporaire.

Les langskips étaient aussi appelés **drakkars**, du fait des têtes de dragons sculptées sur leur proue. Celles-ci étaient destinées à impressionner l'ennemi et à effrayer les monstres des mers.

La proue et la poupe du navire étant identiques, il était inutile de lui faire faire demi-tour.

LA VITESSE MAXIMALE DES LANGSKIPS ÉTAIT DE 10 À 15 NŒUDS.

embarquer **100 guerriers vikings**.

L'EXPLORATION

Les Vikings étaient d'excellents marins. Grâce à leurs compétences et à leurs outils, ils traversèrent les océans, et atteignirent même l'Amérique du Nord presque cinq cents ans avant Christophe Colomb.

Le **Groenland** fut exploré pour la première fois en 980.

L'explorateur viking **Leif Erikson** était surnommé « Leif le Chanceux », car il ne s'était jamais perdu. Il atteignit l'Amérique vers l'an 1000.

Banni d'Islande, **Erik le Rouge** prit la mer, atteignit le **Groenland** en 982 et l'explora. Trois ans plus tard, il revint dans son pays et fit savoir qu'il avait trouvé une terre fertile. Il l'appela le « Pays vert » pour y attirer de nouveaux colons.

Les Vikings appelèrent l'Amérique le **Vinland, ou « pays des vignes »,** car ils y trouvèrent des baies semblables à du raisin.

LES TECHNIQUES DE NAVIGATION

Le compas le plus fiable des Vikings était le soleil. Il indiquait l'est à son lever, le sud à midi et l'ouest à son coucher.

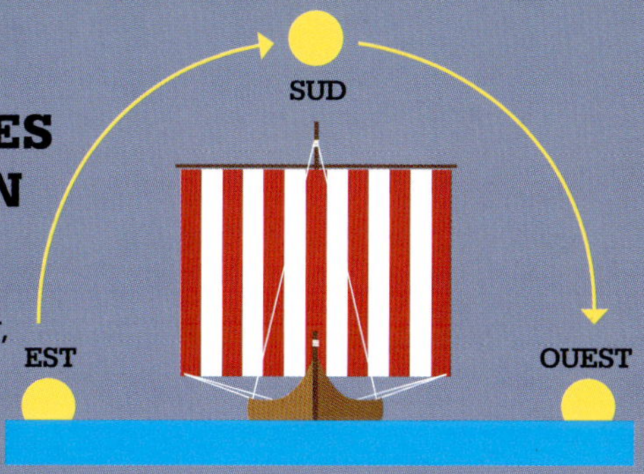

Quand le ciel était nuageux, les Vikings localisaient la position du soleil grâce à une **pierre de soleil**.

En 861, **Naddodd**, un Viking vivant sur les **îles Féroé**, se perdit en mer au cours d'un voyage à l'ouest de la Norvège, et débarqua sur une terre qu'il baptisa « **Terre de glace** », et qui deviendrait plus tard l'**Islande**.

Les Vikings repéraient le nord aussi grâce à l'**étoile polaire** ou étoile du nord.

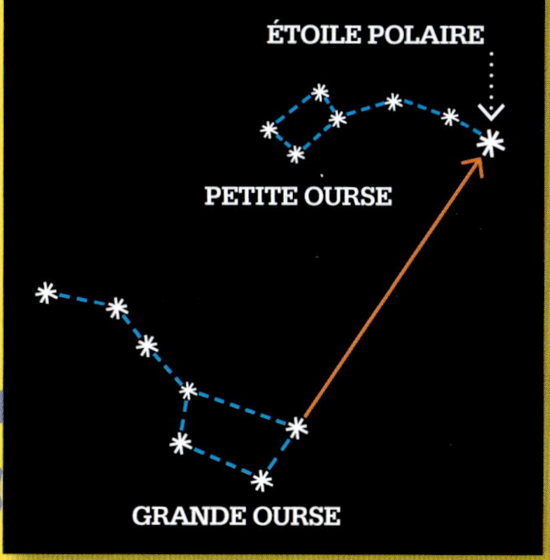

CORBEAUX ET PUCES

Les Vikings lâchaient des corbeaux en pleine mer car ceux-ci s'envolant systématiquement vers les terres, ils leur indiquaient la route. De plus, ils croyaient que les puces sautaient vers le nord. Ils les regardaient donc sauter sur eux pour trouver… le nord !

COMMERCE OU PILLAGE ?

Les navires vikings transportaient sur les océans des guerriers partis piller des territoires étrangers. Mais ils emmenaient aussi des marchands sur de longues distances, pour commercer avec des pays connus.

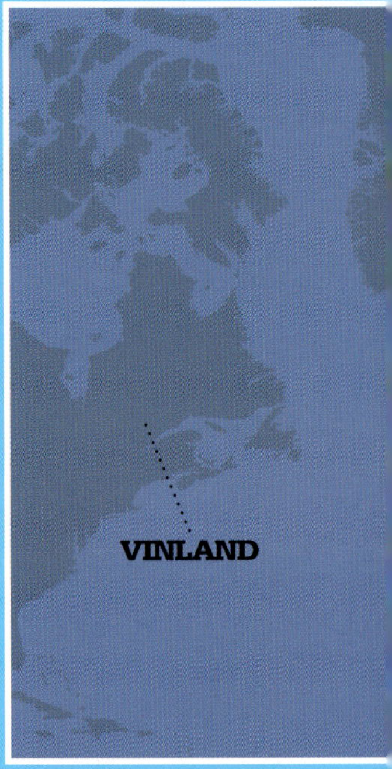

Les marchands vikings se déplaçaient avec de petites balances portables, qui leur permettaient de peser avec précision l'or qu'ils négociaient.

NORVÈGE : BOIS DE CONSTRUCTION, FER, STÉATITE, PIERRES À AIGUISER, ORGE, GOUDRON

VINLAND (AMÉRIQUE DU NORD) : BOIS DE CONSTRUCTION

GROENLAND : IVOIRE DE MORSE, FOURRURES, PEAUX, LAINE

ISLANDE : POISSON, LAINE, GRAISSE ANIMALE, SOUFRE, FAUCONS

BYZANCE (CONSTANTINOPLE) : SOIE, FOURRURES, ÉPICES, VINS, PIERRES PRÉCIEUSES, ARGENT, BIJOUX

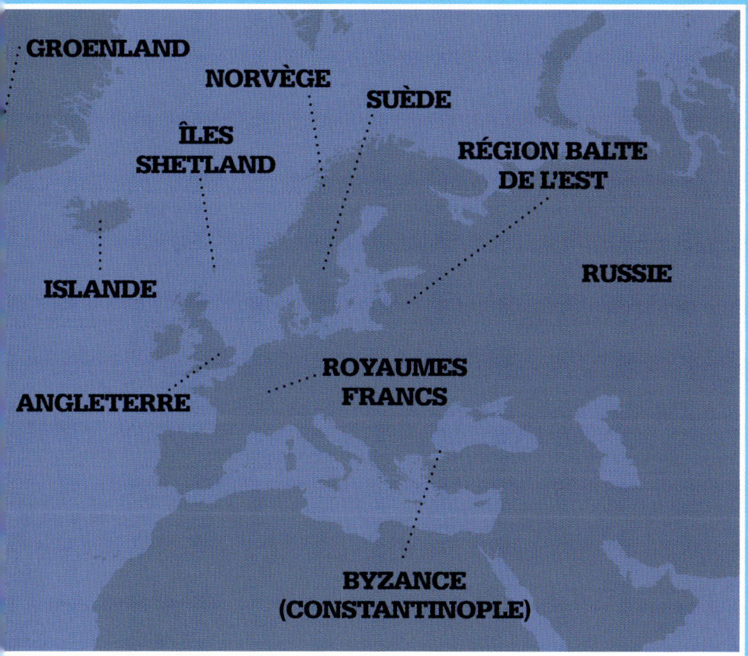

ROYAUMES FRANCS : BIJOUX, ARMES, VINS, VERRE, SEL, LAINE

Les prix étaient en général fixés par les chefs locaux. Par exemple, au XIe siècle en Islande :

8 ONCES D'ARGENT =
- 1 once d'or
- 4 vaches laitières
- 24 moutons
- 72 mètres de tissu en laine

12 ONCES D'ARGENT =
- un esclave adulte mâle

RÉGION BALTE DE L'EST : AMBRE, ESCLAVES, FOURRURES

ÎLES SHETLAND : STÉATITE

ANGLETERRE : ÉTAIN, BLÉ, MIEL, LAINE, ORGE, LIN

RUSSIE : ESCLAVES, FOURRURES, MIEL

SUÈDE : FER, FOURRURES

CONQUÉRIR LE MONDE

Durant les trois cents ans que dura leur épopée, les Vikings quittèrent leurs terres et établirent des colonies au-delà de l'Atlantique Nord, jusqu'en Amérique. Ils naviguèrent aussi vers le sud et colonisèrent une grande partie de l'Angleterre et de l'Irlande, le nord de la France et le sud de l'Italie.

PAYS DES VIKINGS

COLONIES

GROENLAND

AMÉRIQUE DU NORD

Vers 1960, des archéologues ont mis au jour des vestiges vikings dans l'Anse aux Meadows, sur l'île canadienne de Terre-Neuve, qui attestent de la première implantation européenne connue sur le continent américain.

200 000

personnes environ quittèrent la Scandinavie et s'établirent sur les terres conquises par les Vikings à cette période.

AMÉRIQUE DU NORD

ON PENSE QUE 90 DES 400 PLANTES PRÉSENTES SUR LES ÎLES FÉROÉ FURENT APPORTÉES PAR DES COLONS VIKINGS.

VERS LE SUD

Des Suédois, les Varègues, voyagèrent vers le sud et l'est, en Russie et dans les États baltes d'aujourd'hui. Ils allèrent jusqu'à la mer Caspienne et Constantinople.

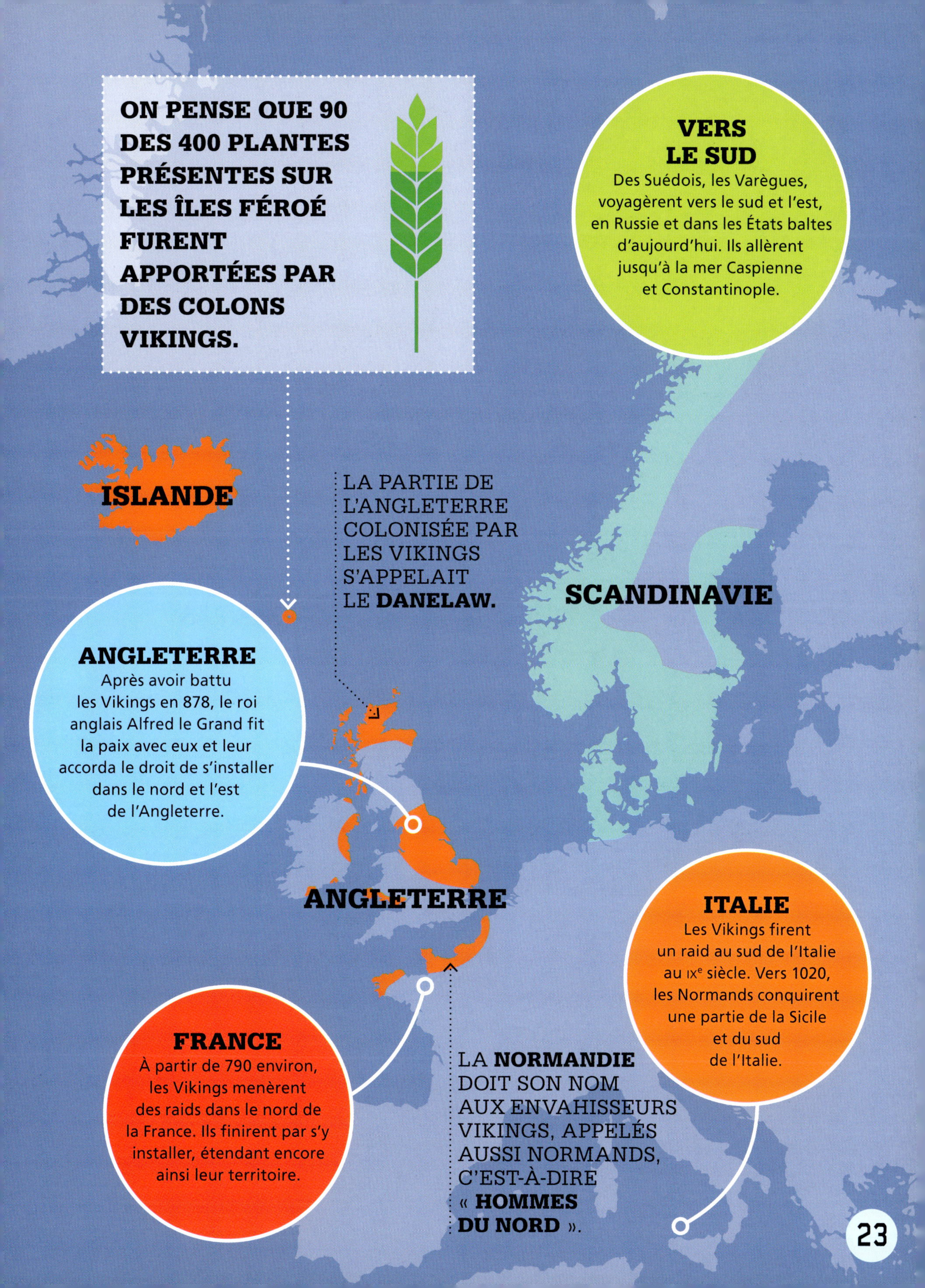

LA PARTIE DE L'ANGLETERRE COLONISÉE PAR LES VIKINGS S'APPELAIT LE **DANELAW.**

ANGLETERRE

Après avoir battu les Vikings en 878, le roi anglais Alfred le Grand fit la paix avec eux et leur accorda le droit de s'installer dans le nord et l'est de l'Angleterre.

ITALIE

Les Vikings firent un raid au sud de l'Italie au IXe siècle. Vers 1020, les Normands conquirent une partie de la Sicile et du sud de l'Italie.

FRANCE

À partir de 790 environ, les Vikings menèrent des raids dans le nord de la France. Ils finirent par s'y installer, étendant encore ainsi leur territoire.

LA **NORMANDIE** DOIT SON NOM AUX ENVAHISSEURS VIKINGS, APPELÉS AUSSI NORMANDS, C'EST-À-DIRE « **HOMMES DU NORD** ».

LES CROYANCES

Nous savons peu de choses sur la façon dont les Vikings adoraient leurs dieux. En revanche, nous connaissons bien ces dieux et les mondes dans lesquels ils vivaient grâce aux sagas. Le grand panthéon des dieux nordiques fut remplacé par le christianisme à la fin de la période viking.

LA MYTHOLOGIE VIKING DIVISAIT LE COSMOS EN TROIS NIVEAUX.

En haut était **Asgard**, la maison des dieux.

Bifrost, le Pont arc-en-ciel, reliait Asgard et Midgard.

Midgard, ou « enceinte du milieu », était le royaume des humains.

LE VALHALLA

Le Valhalla était une sorte de paradis des guerriers où les Valkyries, des guerrières mythiques, emmenaient les âmes des guerriers morts.

Niflheim

Muspellheim

En bas, il y avait divers royaumes, comme **Niflheim** (le monde de la brume et de l'obscurité) et **Muspellheim** (le royaume du feu).

LES DIEUX ET DÉESSES NORDIQUES

Odin était le maître des dieux.

Il était le dieu de la Magie, la Poésie et la Guerre.

Il n'avait qu'un œil.

Il chevauchait Sleipnir, un cheval à huit jambes.

Freya était la déesse de l'Amour et de la Fertilité.

Elle avait un frère jumeau, Freyr.

Elle pleurait des larmes d'or quand elle était triste.

Thor régnait sur les Cieux et le Tonnerre.

Il portait des gants en fer et possédait un marteau, le Mjolnir.

Loki était le dieu de la Discorde.

Il causa la mort du fils d'Odin, Baldr.

Il était capable de se métamorphoser en saumon, en cheval, en phoque et en mouche.

LES DIEUX SE BATTAIENT CONTRE LEURS ENNEMIS, LES GÉANTS. LES VIKINGS PENSAIENT QUE LE MONDE S'ACHÈVERAIT DANS UNE **IMMENSE BATAILLE**, LE **RAGNARÖK**...

...LA TERRE SERAIT ALORS BALAYÉE PAR UN FEU QUI TUERAIT LES HUMAINS ET LES DIEUX, SAUF QUELQUES-UNS.

Des missionnaires chrétiens commencèrent à convertir les Vikings en 700. Harald Ier de Danemark, dit **Harald à la dent bleue**, fut baptisé vers 950.

LES TOMBES

Les Vikings étaient enterrés avec un mobilier funéraire, qui rappelait leur position sociale dans le monde des vivants. C'est pourquoi les tombes sont une précieuse source d'informations, pour les archéologues, sur leur vie quotidienne.

LE TYPE DE MOBILIER FUNÉRAIRE VARIAIT SELON LA POSITION SOCIALE DU MORT

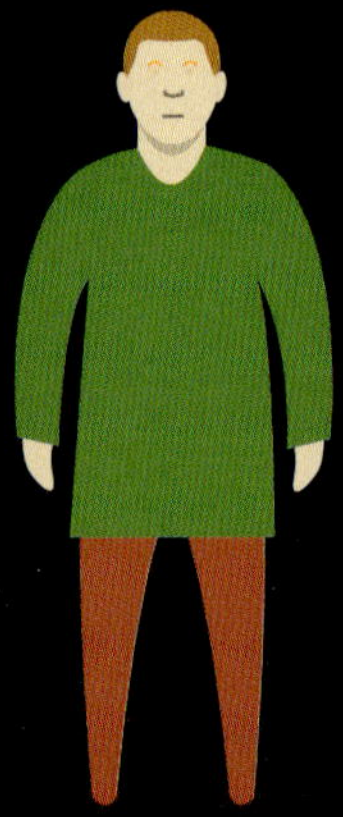

LES ESCLAVES étaient en général enterrés dans un trou sans objets.

LES HOMMES LIBRES et les artisans étaient inhumés avec leurs armes et leurs outils.

LES FEMMES étaient mises en terre avec leurs objets domestiques et leurs bijoux.

LES CHEFS et les hauts dignitaires étaient enterrés dans des chariots ou des navires, et parfois avec leur cheval ou leur chien préféré.

Des morts ont été enterrés ou incinérés dans un **cercle de pierres** en forme de coque de navire.

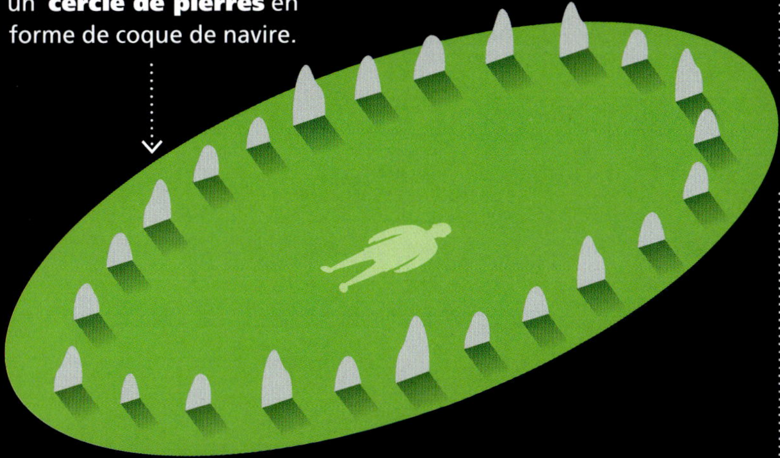

Le plus long cercle retrouvé mesure **170 mètres** – plus d'une fois et demie la longueur d'un terrain de football environ.

Les dignitaires étaient souvent **inhumés avec leurs esclaves**, sacrifiés, sûrement pour servir leur maître dans l'au-delà.

DES SITES FUNÉRAIRES ÉTAIENT COUVERTS DE MONTICULES DE TERRE : LES TUMULUS. EN NORVÈGE, LE CIMETIÈRE DE BORRE COMPREND UNE SÉRIE DE TUMULUS ALLANT JUSQU'À 45 MÈTRES DE DIAMÈTRE, SOIT **QUATRE FOIS LA LONGUEUR D'UN BUS LONDONIEN**.

LES VIKINGS PRATIQUAIENT EN GÉNÉRAL LA **CRÉMATION** DES MORTS, MAIS ILS L'ABANDONNÈRENT POUR L'INHUMATION LORSQU'ILS SE CONVERTIRENT AU CHRISTIANISME.

LA FIN DE L'ÂGE VIKING

Les raids vikings diminuèrent et leurs territoires passèrent peu à peu aux mains de rois et de chefs plus puissants. Aujourd'hui, leur histoire demeure à travers les noms de certains lieux qu'ils colonisèrent en leur temps.

En 1013, le roi danois **Sven à la barbe fourchue** envahit l'Angleterre et mit en fuite le roi, Ethelred le Malavisé. Sven devint ainsi le premier roi danois d'Angleterre. Son fils Knud lui succéda en 1014.

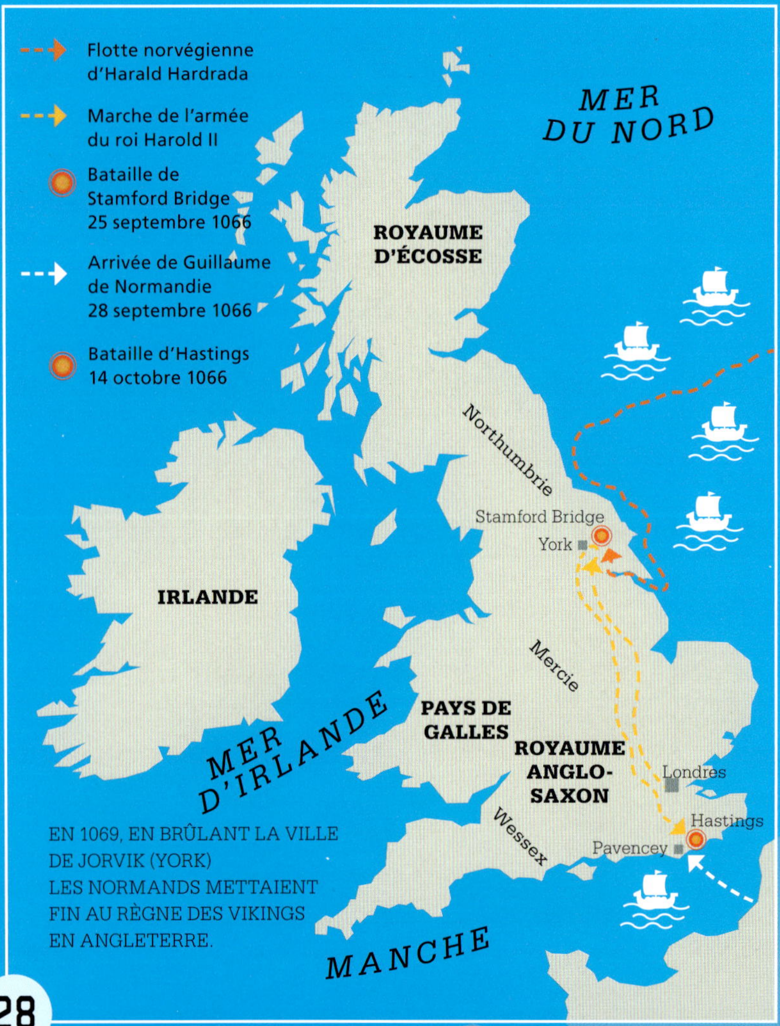

En 1066, **Harald Hardrada** envahit l'Angleterre à la tête d'une armée viking, mais il fut battu à **Stamford Bridge** le 25 septembre par l'armée saxonne du **roi Harold II**. Harold avait fait parcourir plus de **320 km** à son armée en quatre jours, de Londres au Yorkshire. Ils couvrirent donc à nouveau **430 km** jusqu'à Hastings, au sud, pour affronter l'armée normande de **Guillaume de Normandie** le 14 octobre. Guillaume vainquit Harold, et marqua ainsi le début du règne des Normands en Angleterre.

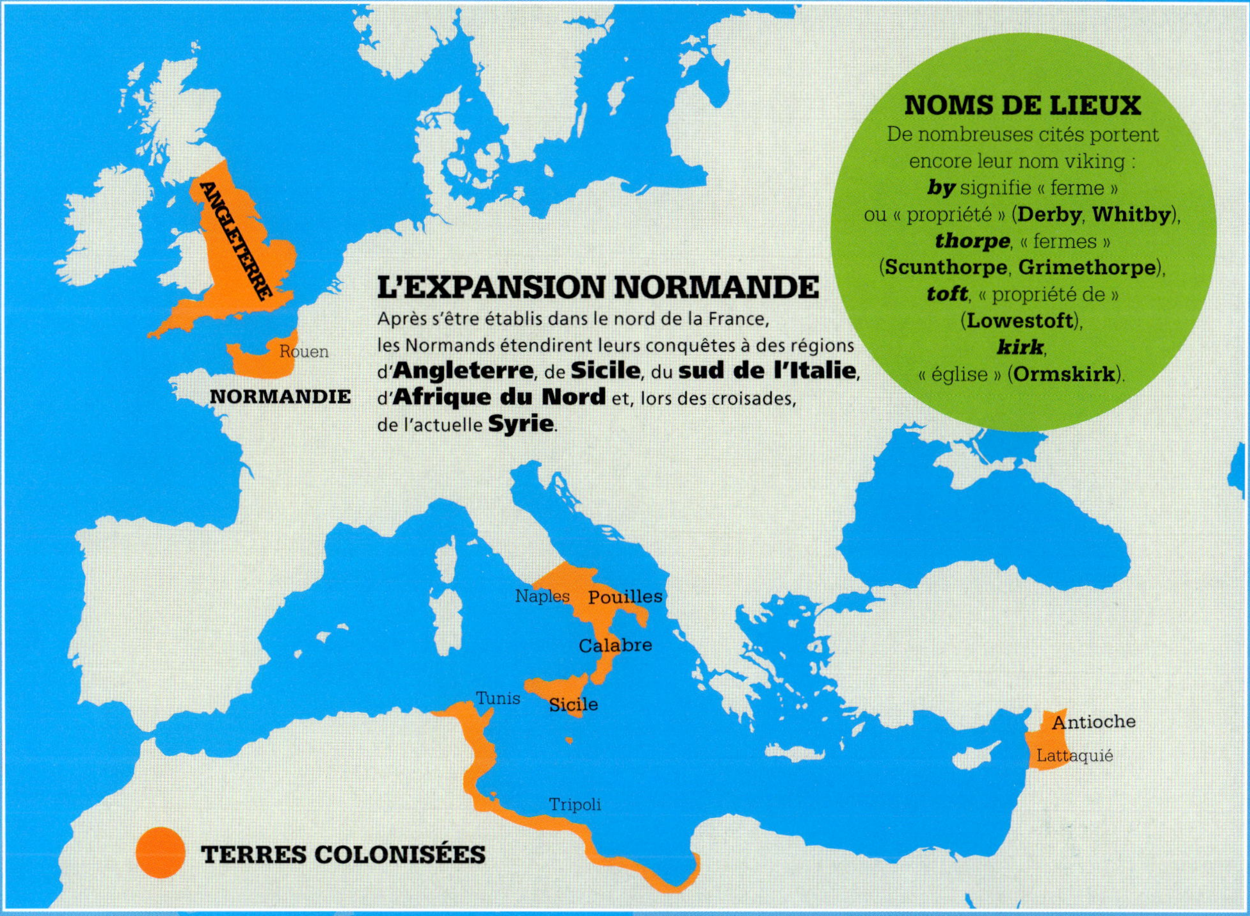

L'EXPANSION NORMANDE

Après s'être établis dans le nord de la France, les Normands étendirent leurs conquêtes à des régions d'**Angleterre**, de **Sicile**, du **sud de l'Italie**, d'**Afrique du Nord** et, lors des croisades, de l'actuelle **Syrie**.

NOMS DE LIEUX

De nombreuses cités portent encore leur nom viking : ***by*** signifie « ferme » ou « propriété » (**Derby**, **Whitby**), ***thorpe***, « fermes » (**Scunthorpe**, **Grimethorpe**), ***toft***, « propriété de » (**Lowestoft**), ***kirk***, « église » (**Ormskirk**).

Plusieurs théories historiques expliquent le **déclin des Vikings**. D'après l'une d'entre elles, il serait dû à la réunion des peuples européens en **grandes nations** armées **plus aptes à se défendre** contre eux.

LA CONVERSION DE NOMBREUX **VIKINGS** AU **CHRISTIANISME** ET À UNE VIE PLUS PACIFIQUE PEUT AUSSI EXPLIQUER LA FIN DES RAIDS.

AUTRE HYPOTHÈSE : UN PETIT ÂGE GLACIAIRE AURAIT POUSSÉ LES VIKINGS À QUITTER LE GROENLAND VERS 1400.

GLOSSAIRE

Althing
Nom de la plus ancienne assemblée nationale connue dans le monde. Créée par les Vikings, elle se réunit en Islande pour la première fois en 930.

Ambre jaune
Résine fossilisée de conifères. Il était utilisé pour les ornements ou les bijoux.

Asgard
Demeure des dieux vikings.

Clins (à)
Technique de construction d'une coque de navire consistant à faire se chevaucher des planches de bois.

Clou
Petite tige terminée par une tête large. On en fixait une multitude sur les semelles des chaussures pour qu'elles durent plus longtemps.

Cotte de mailles
Longue tunique faite de petits anneaux de métal entrelacés entre eux, faisant office d'armure pour celui qui la porte.

Crémation
Technique consistant à brûler et réduire en cendres le corps d'un être mort.

Étoile polaire
Étoile située directement dans la direction du pôle Nord. Dans l'hémisphère Nord, elle peut servir à indiquer le nord.

Fouille archéologique
Excavation d'un site historique à la recherche de vestiges et d'artefacts enterrés dans le passé.

Lin
Plante dont les fibres sont tissées pour fabriquer du tissu.

Maison longue
Type de maison viking, étendue en longueur et étroite dans sa largeur.

Métier à tisser
Machine utilisée pour tisser des fibres ensemble afin de fabriquer du tissu.

Midgard
Nom viking désignant le lieu où vivaient les êtres humains.

Mobilier funéraire
Objets (des armes, des bijoux…) qui étaient enterrés avec leur défunt propriétaire, pour qu'il puisse, croyait-on, les utiliser dans l'au-delà.

Mythologie
Ensemble de contes et d'histoires, portant sur les héros, les dieux et les déesses.

Pierre à aiguiser
Pierre servant à affûter les couteaux.

Pierre de soleil
Pierre presque transparente, qui indique la direction du soleil par temps couvert.

Poupe
Partie arrière d'un navire.

Proue
Partie avant d'un navire.

Runes
Nom donné aux caractères utilisés par les Vikings pour former des mots.

Serf
Personne qui doit travailler pour un seigneur, quelquefois pour rembourser une dette.

Stéatite
Type de pierre facile à sculpter et façonner, elle était utilisée pour fabriquer des ornements et des bijoux.

Teinture
Substance servant à changer la couleur d'un tissu ou des cheveux.

Thing
Nom donné à l'assemblée viking qui réglait les litiges et débattait des lois.

Torchis et treillis
Matériau de construction fait d'argile, de boue et de déjections animales (le torchis), appliqué sur des pieux de bois entrecroisés (le treillis), pour élever un mur.

Tumulus
Large monticule de terre qui recouvrait une ou plusieurs sépultures.

Valhalla
Grande bâtisse dans laquelle les guerriers vikings venaient boire, manger et festoyer après leur mort au combat.

Sites Internet

Si vous souhaitez aller plus loin dans la découverte de l'histoire des Vikings, il existe une multitude de sites sur Internet.

https://www.youtube.com/watch?v=u6J82VrgL1U
« Quelle aventure : les Vikings ». par Fred et Jamy (environ 50 min)

http://idavoll.e-monsite.com/
Un site très complet sur l'art, la culture et l'histoire des Vikings.

https://www.histoire-fr.com/mensonges_histoire_vikings_casques_cornes.htm
Pour en finir avec les idées reçues sur les Vikings.

https://www.youtube.com/watch?v=zs70LfW7ee0

https://www.youtube.com/watch?v=13U2jXANxng

https://www.youtube.com/watch?v=8veeMxs-d6A

http://www.dailymotion.com/video/x2zovkl_documentaire-histoire-antique-la-saga-des-vikings-4-5_shortfilms

https://www.youtube.com/watch?v=_pHXGM13i1Q
Documentaire – Histoire antique La saga des Vikings en cinq parties de 9 minutes chacune.

INDEX

First published in Great Britain in 2016 by Wayland

Editor: Elizabeth Brent
Produced by Tall Tree Ltd
Editor: Jon Richards
Designer: Jonathan Vipond

Wayland an imprint of Hachette Children's Group
Part of Hodder and Stoughton
Carmelite House
50 Victoria Embankment
London EC4Y 0DZ
An Hachette UK Company

Titre original : *The Vikings*
Première édition française par les Éditions Glénat

Couvent Sainte-Cécile
37 rue Servan
38000 Grenoble Cedex, France

Traduction française : Anne Pernot
Adaptation française : Compo Gravure Industrie
Suivi éditorial : Sophie Lilienfeld

Loi 49956 du 16 juillet 1949 sur les publications destinées à la jeunesse

Dépôt légal : septembre 2017
ISBN : 978-2-344-02170-5
Achevé d'imprimer en mars 2017 en Chine.

MIXTE
Papier issu de sources responsables
FSC® C010256